LES MÉTAMORPHOSES; *COMÉDIE*, EN QUATRE ACTES, *AVEC* QUATRE INTERMEDES;

*Par M. B. DE VA**** (par m^r de Sainfoi

Représentée pour la premiere fois le Jeudi 25 Avril 1748, par les Comédiens Italiens Ordinaires du Roy.

Le Prix est de vingt-quatre sols.

A PARIS;

Chez CAILLEAU Libraire, rue S. Jacques; au-dessus de la rue des Mathurins, à S. André.

M. DCC. XLIX.

Avec Approbation & Permission.

AVERTISSEMENT.

LE hazard m'avoit conduit dans le Magazin de la Comédie Italienne ; j'y vis des Décorations qui me parurent singulieres ; on me dit qu'elles avoient été faites pour une Comédie qu'on n'avoit pas pû jouer ; j'imaginai d'en faire une sur ces Décorations ; je traçai ce Canevas où mon idée a été uniquement d'amener des Scénes plaisantes & des lazzis entre les Acteurs comiques, des Danses, du Chant, des Machines, enfin beaucoup de Spectacle pour les yeux : quoique toute en François, cette Piéce fut affichée, *Comédie Italienne* ; c'étoit assez annoncer son genre.

ACTEURS.

ZULPHIN, *Génie, pere de Florisse.*

GALLANTINE, *Fée, mere de Zermés.*

FLORISSE.

ZERMÉS.

MUTALIB, *Génie, frere de Zulphin & de Gallantine.*

CORALINE.

Un GNOME.

ARLEQUIN.

SCAPIN.

LES MÉTAMORPHOSES, *COMÉDIE.*

ACTE PREMIER.

Le Théâtre représente une Tour au milieu de nuages suspendus qui s'étendent du bas en haut, & remplissent tout le fond.

SCENE PREMIERE.

FLORISSE, MUTALIB *sous la figure d'un Sauvage, gardien de Florisse; il la regarde quelque temps; elle a les yeux baissés, soupire & paroît plongée dans la plus profonde rêverie.*

MUTALIB.

UEL soupir! vous m'avez promis que si je vous laissois sortir, vous m'ouvririez votre cœur?

FLORISSE.

Que veux-tu que je te dise?

MUTALIB.

Ce que vous pensez.

FLORISSE.

Je ne pense à rien.

MUTALIB.

A votre âge, une fille pense toujours à quelque chose.... Allons, parlez donc.

FLORISSE.

Laisse-moi.

MUTALIB.

Puisque vous ne voulez pas parler, je vais parler moi. Parmi les Génies, il y en avoit un....

FLORISSE.

Oh, tu vas me conter une histoire!

MUTALIB.

Sans doute, je vais vous conter une histoire; vous m'en demandez tous les jours?

FLORISSE.

Je ne suis pas en humeur aujourd'hui d'en entendre.

MUTALIB.

Ecoutés seulement; je vous réponds que celle-ci vous intéressera; parmi les Génies, il y en avoit donc un, beau, bienfait, vif, brillant, enjoué, fourbe, perfide, en un mot, merveilleux pour les femmes; après en avoir trompé un grand nombre, il trouva que la Fée Poupette manquoit à ses triomphes; il mit tout en usage pour l'avoir, & il l'eut; mais à peine fut-il heureux, qu'il ne s'en soucia plus, & qu'il la sacrifia à une simple mortelle; la Fée outrée de se voir abandonnée, complotta, caballa avec plusieurs autres qu'il avoit trahies comme elle; notre Génie à bonnes fortunes fut cité au Conseil souverain des Fées, & voici l'Arrêt qui fut rendu: *Le Génie Zulphin*....

FLORISSE.

Que veux-tu dire ? Le Génie Zulphin ? C'est mon pere ?

MUTALIB.

Sans doute, c'est votre pere, & c'est aussi son histoire que je vous raconte ; on n'instruit pas ordinairement les enfans des fredaines de leurs parens, à moins qu'on n'en ait de fortes raisons ; vous jugerez des miennes par la suite de mon récit, & si le temps n'est pas venu de vous faire ce petit détail ; revenons à l'Arrêt ; *Le Génie Zulphin deviendra laid, pesant, lourd, décrepit, à l'instant que la fille qu'il a eüe d'une mortelle,* (c'est vous) *pressée par son amour, en fera l'aveu à son Amant.*

FLORISSE.

O ciel !

MUTALIB.

Ce n'est pas le tout ; votre pere a parmi les Fées une sœur du même caractére que lui ; vive, folle, étourdie, coquette, capricieuse, se croyant trop au-dessus de tout pour ménager les bienséances ; un Génie qu'elle trompoit, la surprit avec un Mortel ; il représenta que puisque les Fées avoient cru devoir se venger des galanteries du frere, il étoit juste qu'on punit aussi les coquetteries de la sœur ; l'Arrêt fut rendu commun entr'eux.

FLORISSE.

Quel Arrêt, grands Dieux !

MUTALIB.

Il est sûr que pour un Petit-Maître & pour une Coquette, qui ne sont occupez que de leurs graces, de leurs ajustemens, de leur jargon & de leur maintien, rien n'est plus terrible, rien n'est plus épouvantable que de penser que tout d'un coup, dans un instant, ils tomberont de cet état qui leur paroît si délicieux, si brillant, dans l'état affreux de la décrépitude; c'est pour parer ce coup fatal que votre pere vous tient depuis l'âge de cinq ans enfermée dans ce château, & la Fée sa sœur avoit pris la même précaution à l'égard de son fils; mais ce fils s'est échappé; c'est ce jeune homme qui s'arréta hier si long-tems à vous considérer tandis que vous êtiez à la fenêtre, qui vous plût tant, à qui vous avez rêvé, j'en suis sûr, toute la nuit.... Mais, quoi, vous voilà toute en pleurs?

FLORISSE.

Ohimé! ohimé! pauveretta! pauveretta!

MUTALIB.

Ne vous affligez pas....

FLORISSE.

Sonó perduta! sonó perduta!

MUTALIB.

Je ne vous ai fait tout ce détail que pour vous prévenir sur le danger....

FLORISSE.

Mon pere ne voudra jamais devenir laid; il me tiendra toujours renfermée dans ce château; morirò! morirò! morirò!

MUTALIB.

Vous ne mourrez point, & vous ne resterez pas toujours renfermée dans ce château; connoissez-moi, Florisse; j'ai pris la figure du Sauvage qui vous a gardée jusqu'à présent; je suis le Génie Mutalib, frere de votre pere; prévoyant les malheurs qui vous ménacent, je viens contre mon frere & ma sœur, vous défendre vous & votre Amant.

FLORISSE *le caressant.*

Ah, mon cher oncle! mon cher oncle!...

MUTALIB.

J'ai été indigné de voir un pere & une mere, livrés à tous les égaremens du cœur & de l'esprit, condamner des enfans innocens à une éternelle prison.... Mais, j'apperçois Arlequin & Scapin; ils sont au service de votre pere; il ne faut pasqu'ils voyent que je vous laisse sortir; rentrez vîte, tandis que sous cette figure qui me déguise à leurs yeux, je vais tâcher de sçavoir ce qu'ils viennent faire ici.

FLORISSE *en s'en allant.*

Mon cher oncle, je n'ai d'espoir qu'en vous.

MUTALIB.

Il y aura bien des obstacles à surmonter, ma chere niéce, mais j'espere en venir à bout.

SCENE II.

MUTALIB *toujours sous la figure du Sauvage,* ARLEQUIN,. SCAPIN.

ARLEQUIN *à Scapin.*

JE te dis que j'en suis sûr.

SCAPIN.

Et moi, je te dis que tu te trompes.

ARLEQUIN.

Tu t'obstines mal à propos.

SCAPIN.

C'est toi qui a tort.

ARLEQUIN.

Enfin, nous avons parié?

SCAPIN.

Certainement.

ARLEQUIN.

Tu perdras.

SCAPIN.

Nous verrons.

ARLEQUIN *appercevant Mutalib, & l'embrassant.*

Eh, bon jour, mon cher Sauvage.

MUTALIB *gravement.*

Bon jour.

SCAPIN *l'embrassant aussi.*

Ton serviteur, mon ami.

MUTALIB.

Ton serviteur.

ARLEQUIN *caressant la moustache de Mutalib.*

La voilà, cette moustache ! la belle moustache ! eh bien, Scapin, paries-tu encore ?

SCAPIN.

Toujours.

MUTALIB.

Qu'avez-vous donc parié !

ARLEQUIN.

En venant ici, nous parlions de toi & de tout ton mérite, il m'a soutenu que ta moustache étoit postiche.

SCAPIN.

Et je le soutiens encore.

ARLEQUIN.

Je te soutiens qu'elle est naturelle.

SCAPIN.

Elle ne l'est pas, te dis-je.

ARLEQUIN.

Elle ne l'est pas ? Quel entêté ! oh cela me met dans une colére.... Tien, regarde donc.

Il tire de toute sa force, & traîne Mutalib par la moustache.

MUTALIB.

Ah ! ah ! ah ! coquin ! coquin !

ARLEQUIN *à Scapin.*

Disputeras-tu encore ?

SCAPIN.

Sans doute.

ARLEQUIN.

Quoi, tu n'as pas perdu ?

SCAPIN.

Pour me convaincre, il faut que je tire moi-même.

MUTALIB

Tirer toi-même ?

SCAPIN.

Apparament.

MUTALIB *levant sa massuë.*

Approche.

SCAPIN.

Eh bien le pari est nul.

ARLEQUIN *à Mutalib.*

Que diantre laisse-le tirer, ne fusse que pour l'honneur de ta moustache.

MUTALIB.

Marauts, si je laisse tomber ma massuë....

ARLEQUIN.

Mais, tu as tort ; tu sçais que j'aurois gagné ; tu me fais perdre cet argent-là, comme si tu le volois dans ma poche.

MUTALIB *froidement, feignant de s'en aller.*

Au revoir.

ARLEQUIN *le faisant revenir.*

Où vas-tu donc?

MUTALIB.

A mon poste.

ARLEQUIN.

A ton poste, vilain Suisse; demeure, nous avons à te parler; le Génie notre Maître a sçu qu'un jeune homme avoit rodé hier long-temps autour de ce château.

MUTALIB.

Il est vrai.

ARLEQUIN.

Il nous envoye te dire de veiller plus exactement que jamais sur Mademoiselle Florisse.

MUTALIB *froidement, & feignant encore de s'en aller.*

Je ferai mon devoir, j'assommerai ce jeune homme, s'il revient.

ARLEQUIN.

Animal, ne sçais-tu pas que par l'Arrêt prononcé contre notre Maître, il ne lui est pas permis d'employer la force, ni les secrets de son art contre ceux qui tâcheront de se faire aimer de sa fille?

MUTALIB.

Je l'avois oublié.

ARLEQUIN.

Il a promis de nous récompenser magnifiquement, Scapin & moi, si nous pouvons par quelque ruse éloigner ce jeune homme.... Scapin?

SCAPIN.

Eh bien?

ARLEQUIN.

Il me vient une idée.

SCAPIN.

Voyons.

ARLEQUIN.

Je prendrai un des habits de Mademoiselle Floriſſe; je me préſenterai comme ſi j'étois elle....

SCAPIN.

La peſte de l'animal! voyez, voyez le beau minois pour qu'on le prenne pour une jolie fille?

ARLEQUIN.

Je dirai à ce jeune homme....

SCAPIN.

Que pourras-tu lui dire? Il s'imaginera bien qu'on ne garderoit pas avec tant de ſoin une guenon comme toi.

ARLEQUIN.

Que tu es bête! que tu es bête! (*montrant Mutalib*) il eſt bien butor, bien lourd, bien épais, cependant je ſuis ſûr qu'il devine....

MUTALIB *gravement.*

Tu te trompes, je ne devine pas.

ARLEQUIN.

Eh bien, animaux que vous êtes, écoutez-moi; je dirai à ce jeune homme que mon pere, par la puiſſance de ſon art, m'a ainſi enlaidie; quand je dis enlaidie, c'eſt-à-dire, un peu diminué de la blancheur, de la fineſſe, de l'éclat de mon teint; (*prenant un ton de mignardiſe & de fatuité*) car, enfin, après tout, ſans trop ſe flatter, ſous quelque déguiſement que l'on ſoit, on ne ſera jamais à faire peur, & j'ai vû vingt Maîtreſſes à Scapin avec qui je n'aurois fait certainement nulle comparaiſon, nulle comparaiſon pour la taille & la figure.

MUTALIB.

Cela marque son bon goût!

SCAPIN.

Quoi, tu dis que tu m'as connu des Maîtresses....

ARLEQUIN *toujours d'un ton fat.*

Oui, Monce Scapin, Monce Scapin, nulle comparaison; brisons, brisons là-dessus; si l'amour que vous avez pour elles, vous aveugle, j'en suis fâché.... Mais j'aperçois quelqu'un; seroit-ce jeune homme?

MUTALIB.

Lui-même.

ARLEQUIN.

Allons, allons, Scapin, entrons, entrons vîte pour nous déguiser.

Son pied heurte contre la massuë de Mutalib; il tombe, en se relevant, il tire sa batte & le frape.

MUTALIB.

Ah, coquin!

ARLEQUIN.

Pourquoi me fais-tu tomber? tu es bienheureux que je n'aye pas le tems de te battre; ce butor.... avec sa massuë.... sa moustache....

MUTALIB *courant après lui.*

Attends, attends....

ARLEQUIN.

Je ne puis pas, je suis trop pressé.

SCENE III.

MUTALIB *au bord du Théâtre*, ZERMÉS *au fond, considérant le château.*

MUTALIB.

IL regarde s'il ne verra point paroître sa Maîtresse ; ces pauvres Amans sont menacez de grands malheurs ; je les protégerai de tout mon pouvoir ; mon cher neveu, tu auras besoin de courage & de fermeté.... Servons-nous de la puissance de mon art pour exciter des prestiges ; faisons naître des monstres ; éprouvons s'il est capable d'affronter la mort & les dangers, & s'il ne se laissera point épouvanter.

ZERMÉS *s'approchant de Mutalib.*

Mon ami, à qui appartient ce château ?

MUTALIB *fierement.*

A moi, qui t'ordonne de t'en éloigner.

ZERMÉS *souriant.*

Tu me fais naître l'envie d'y entrer.

MUTALIB *se mettant entre lui & le château & levant sa massuë.*

Ose en approcher.

ZERMÉS *fondant l'épée à la main sur Mutalib qui disparoît ; à sa place paroît un Géant, ayant la barbe & tout le corps vert.*

Ah, tu me ménaces ? Ces obstacles qu'on m'oppose, me prouvent que la jeune personne que je vis hier à cette fenêtre, est retenue malgré elle dans ces lieux ; tentons tout pour la délivrer.

Il combat le Géant qui s'abîme ; à sa place paroît une autre figure, moins grande, toute noire, mais ayant la barbe, les cheveux & les sourcils blancs & des aîles. Cette figure s'abîme encore ; il sort une grosse gerbe de feu, & ensuite de la fenêtre s'allonge & se replie un grand serpent, qui paroît tout d'un coup se changer en un oiseau monstrueux ; Zermès le frappe, il s'envole en jettant un cri lugubre ; la porte du château s'ouvre ; Arlequin & Scapin paroissent déguisés en femmes.

ZERMÈS.

Enfin cette porte s'ouvre ; voyons quel nouveau monstre va en sortir.

SCENE IV.

ZERMÈS, ARLEQUIN ET SCAPIN *en femmes.*

ARLEQUIN *s'appuyant sur le bras de Scapin, avance nonchalamment.*

N'ALLONS pas plus avant : arrêtons-nous, ma bonne ;
Je ne me soutiens plus, ma force m'abandonne.

ZERMÈS.

Mesdames, vous sortez de ce château ; je vous prie de contenter ma curiosité au sujet d'une jeune personne que j'y vis hier à cette fenêtre....

ARLEQUIN.

Hélas !

SCAPIN.

Hélas !

ZERMÈS.

Comment ! lui seroit-il arrivé quelque malheur ?

SCAPIN.

Seigneur, cette jeune personne dont la vûë parut vous intéresser, & à qui vous n'avez inspiré que trop d'amour....

ARLEQUIN.

Ah! ma bonne, ménage ma pudeur; quel aveu vas-tu faire?

SCAPIN.

Mon enfant, nous n'avons pas le tems d'observer les bienséances.... Seigneur, la voilà.

ZERME'S.

La voilà! ce monstre....

ARLEQUIN.

Ah, je me meurs! je me meurs!

SCAPIN.

Ma petite, ma chere petite....

ARLEQUIN.

Je suis un monstre à ses yeux!

SCAPIN *à Zermés.*

En vérité, Seigneur, cela n'est pas bien.

ZERME'S.

Quoi, tu voudrois me persuader....

SCAPIN *pleurant.*

Ce qui n'est que trop vrai... C'est elle, & vous voyez en moi sa fidelle nourice.

ZERME'S.

Seroit-il possible!... Mais, aprés tous les prodiges que je viens de voir, rien ne doit m'étonner;... (*à Arlequin*) Quoi, vous seriez cette personne adorable....

ARLEQUIN.

Ah! laissez-moi, laissez-moi....

ZERME'S.

Arrêtez....

ARLEQUIN.

Un monſtre!...

ZERMES.

De grace....

SCAPIN.

Ma petite, vous étes ſi changée, il eſt excuſable.

ARLEQUIN.

Non, il ne l'eſt pas....

ZERMES.

Madame, je vois qu'il y a de l'enchantement dans tout ceci; daignez m'éclaircir ce miſtére, & comptez que je ſuis prêt à ſacrifier mille fois ma vie pour vous ſervir & vous venger.

ARLEQUIN *ſoupirant & le regardant tendrement.*

Qu'on eſt foible quand on aime! Seigneur, ſi vos yeux ont pû me méconnoître, votre cœur n'auroit pas dû s'y tromper; aprenez mes malheurs. A l'âge de cinq ans, j'ai été enfermée dans ce château, ſous la garde d'un vilain Sauvage; j'y ai paſſé mes plus tendres années, ſans ſentir ma captivité; ma bonne qui conte fort joliment, me faiſoit de petites hiſtoires; d'ailleurs il ne m'y manquoit rien de tout ce qui peut ſervir à amuſer & à former le cœur & l'eſprit des jeunes perſonnes de qualité; j'y avois des perroquets, des pantins, des ſinges, des petits chiens; je faiſois des nœux: mais, enfin, l'âge amene les idées; je commençai à me regarder plus ſouvent à mon miroir; avec cet embonpoint charmant qui perfectionne nos charmes, je ſentis croître en moi un certain trouble, des deſirs confus; ma bonne, qui eſt la modeſtie méme, demeuroit quelquefois toute interdite des queſtions que je lui faiſois par pure innocence; l'ennui me gagnoit de plus en plus; je lui demandai si souvent quand nous sortirions de cette prison, qu'enfin elle m'apprit que mon pere tâcheroit de m'y retenir toujours, parce qu'il étoit menacé d'un grand malheur à l'instant que je prononcerois pour la premiére fois cet aveu toujours si embarassant pour une bouche timide, ces mots *je vous aime*, qui coutent tant à prononcer à une fille bien née.... Mais, qu'enfin on prononce tôt ou tard. Hier le hazard conduisit vos pas au pied de ce château; vous vous arrêtates; je ne me lassois point de vous regarder:

> Epargnez-moi, Seigneur, d'en dire davantage;
> Je sens que la rougeur me couvre le visage.

ZERMÉS.

Ah, de grace, Madame, achevez;

ARLEQUIN.

Mon pere qui nous examinoit sans doute, démêla l'impression que vous faisiez sur mon foible cœur, & soit pour me punir, soit qu'il ait cru trouver un moyen d'éviter le malheur qu'il craint, d'un coup de baguette il a fait évanouir le peu de charmes que j'avois.

ZERMÉS.

Le barbare! un pere peut-il étre assez inhumain... charmante personne!...

ARLEQUIN.

Ce n'est pas la perte de ma beauté qui m'afflige le plus; je suis moins vaine que tendre; mais quand je pense que je vais perdre aussi votre cœur... Car vous ne m'aimerez pas faite comme je suis?

SCAPIN.

Hé, pourquoi non, Madame, Monsieur paroît un galant homme; il voit que vous souffrez à cause de lui; cela doit l'attacher encore plus à vous; d'ailleurs il y a des moyens de finir votre enchantement.

ZERMES à Scapin.

Ah! dites-les-moi promptement....

ARLEQUIN à Scapin.

Non, ma chere, non, ne les dis pas.

ZERMES.

Quoi, Madame, douteriez-vous de mon courage, ou voulez-vous me laisser croire que vous reservez à un Amant plus chéri la gloire de vous tirer de l'état où vous êtes?

ARLEQUIN.

Ah! ne me faites pas cette injustice: mais, je vous avouë que quand je pense aux moyens qu'il faudroit que vous employassiez pour me desenchanter, le cœur me saigne.

SCAPIN.

Et à moi aussi; mais enfin, il n'en mourra pas: Seigneur, en partant d'ici, il faut que vous marchiez toujours vers l'Orient; vous vous arrêterez dans le premier bois que vous trouverez, & là, pendant huit jours... vous voyez que le terme n'est pas long?...

ZERMES.

Eh bien, pendant huit jours?

SCAPIN.

Tous les matins, avec cette ceinture, vous vous appliquerez vingt-deux coups bien comptez; pour vous épargner la peine de vous les donner vous-même, je m'offrirois à vous accompagner; mais, comme il faudra que vous soyez tout nud, la pudeur ne me permet pas....

FLORISSE

FLORISSE *qui est depuis quelques momens à la fenêtre, s'écrie.*

Infâmes scélerats, coquins? Seigneur, châtiez ces deux fourbes qui se sont ainsi déguisez pour vous tromper....

ZERMÈS *leur apliquant plusieurs coups de la ceinture avant qu'ils puissent se sauver.*

Ah, marauts!

ARLEQUIN *tachant de se sauver.*

Seigneur, Seigneur, prenez garde; je suis la vraye Florisse; celle qui est à la fenêtre n'est qu'un phantôme.

ZERMÈS *battant Scapin.*

Et la nourrice, la fidelle nourrice?

SCAPIN.

Ah, ah, ah!

ZERMÈS *les ayant poursuivi jusque dans la coulisse, revient sur le Théâtre.*

Les coquins, comme ils me jouoient,... Voyons s'il se présentera encore quelqu'obstacle pour m'empêcher d'entrer dans ce château?

Il s'avance pour entrer; la porte se hausse, se baisse, se met à droit & à gauche; il s'accroche au balcon, & entre.

SCENE V.

MUTALIB *toujours sous la figure du Sauvage*, ARLEQUIN, SCAPIN.

MUTALIB *à part.*

JE suis fort content & de l'intrepidité que mon Neveu a montrée contre ces monstres, que je n'avois produits que pour éprouver son courage, & de la petite correction qu'il à faite à ces drôles-ci; on voit à leurs grimaces & à leurs contorsions que les épaules leur font mal. (*à Arlequin*) Ce jeune homme me paroît peu poli avec le beau Sexe.

ARLEQUIN.

Je crois que tu veux railler, vilain marabous? Morbleu, tu mériterois que nous te rendissions au centuple les coups que nous avons reçus.

SCAPIN.

Sans doute, ne devois-tu pas empêcher Mademoiselle Florisse de se mettre à la fenêtre? Tout alloit bien jusques-là; tu peux compter que je dirai à notre Maître la façon dont tu le sers.

MUTALIB.

Sors d'erreur: apprens que je n'ai point de Maître; que je ne sers que la justice & l'équité, & que je suis Mutalib.

SCAPIN *tout tremblant.*

Seigneur... pardonnez... l'ignorance... qui nous faisoit ignorer... que vous étiez... sous cette vilaine figure... nous rend... excusables.

ARLEQUIN.

Certainement, si j'avois sçû que c'étoit vous, Seigneur, je n'aurois pas été assez impertinent pour vous tirer la moustache.

MUTALIB.

Je ne suis fâché que de vous voir tâcher de seconder l'injustice d'un Pere & d'une Mere assez barbares pour avoir voulu tenir toujours leurs enfans dans une étroite prison.

ARLEQUIN.

Quand les Maîtres ne sont pas bons, il faut bien que les Valets soient méchans.

MUTALIB.

Ainsi, vous pourriez être honnêtes-gens l'un & l'autre, si vous aviez un bon Maître?

ARLEQUIN.

Oh, oui! je crois que je serois honnête homme, si j'avois les moyens de n'être point un coquin.

MUTALIB.

Eh bien, je vous promets de vous recompenser au-delà de vos espérances. Attachez-vous à moi.

SCAPIN.

Volontiers.

ARLEQUIN.

De tout mon cœur, aussi-bien votre frere nous a souvent promis, mais au diable, s'il a jamais rien fait pour nous: au lieu que vous avez la réputation d'être un Genie de parole & d'honneur.

MUTALIB.

Vous serez content, si je le suis de vous.... Mais ces nuages commencent à se dissiper, ces murs s'ébranlent....

ARLEQUIN *avec effroi.*

Qu'est-ce que cela nous annonce?

MUTALIB.

Cette Tour s'écroulera, les différentes personnes que mon frere y tenoit enchantées, reprendront leur figure naturelle à l'instant que ma Niéce avouera à son Amant qu'il est aimé; apparemment que la crainte & la pudeur disputent encore dans son cœur le terrain à l'Amour.

ARLEQUIN.

Ah! l'Amour ne tardera pas à l'emporter.... Voyez, voyez.... Ma foi, la Pudeur ne bat plus que d'un aîle.... La Tour s'en va au diable.... L'y voilà.

Les nuages achevent de se dissiper, la Tour s'écroule; on voit Zermés aux genoux de Florisse lui baisant la main; les différentes personnes qui étoient enchantées dans les Jardins de ce Château, s'assemblent & forment des danses.

Fin du Premier Acte.

ACTE II.

Le Théâtre représente des Jardins.

SCENE PREMIERE.

MUTALIB *sous sa figure naturelle,* ARLEQUIN.

ARLEQUIN.

EH bien, avez-vous vû votre frere & votre sœur?

MUTALIB.

Invisible à leurs yeux, j'ai eu le plaisir de les contempler tout à mon aise.

ARLEQUIN.

Sont-ils réellement bien laids, bien changés? Ont-ils l'air bien vieux, bien décrépit?

MUTALIB.

Je t'en reponds.

ARLEQUIN.

Ne vous ont-ils point fait pitié?

MUTALIB.

Tien, j'ai le cœur bon, & si ma sœur avoit été

ſimplement de ces femmes galantes, dont l'ame tendre a beſoin d'être toujours occupée, je la plaindrois; mais une Coquette, foible ſans être ſenſible, toujours en intrigue ſans avoir peut-être jamais aimé, fourbe, fauſſe, envieuſe, dénigrant ſes Amies, déchirant ſes Amans, dans le tems même qu'ils l'avoient, étalant partout un maintien indécent, étourdie pour paroître brillante, ou bien affectant de traîner ſes paroles pour ſe donner des airs de mignardiſe & de nonchalance...... Ah, fi, fi! je n'en ai pas plus de pitié que de ſon frere, qui a été le beau modéle ſur lequel ſe ſont formés tous ces petits Fats, dont ont eſt, & dont on ſera peut-être à jamais infecté ſucceſſivement chaque année dans la Société.

ARLEQUIN.

Il eſt ſûr que c'eſt une importune & maudite race.

MUTALIB.

Lorſqu'il entra dans le monde, ſentant la néceſſité de plaire aux femmes pour ſe mettre à la mode; il déguiſa d'abord ſon caractére impérieux; il parut doux, poli. Cinq ou ſix Fées qui commençoient à être ſur le retour, poſtulerent ſon éducation: A peine deux ou trois Avantures d'éclat, l'eurent-elles mis en réputation, qu'il ne ſe contraignit plus; toute l'impertinence de ſon caractére ſe développa; marchant dédaigneuſement, ſe pavanant, compoſant ſes graces, affectant l'air malin, le ton ricanneur, parlant toujours, n'écoutant jamais, décidant ſur tout...... Croirois-tu que ſon audacieuſe fatuité en impoſa, lui réuſſit? Ses vices, ſes ridicules, ſes travers paſſérent pour des graces, pour des agrémens; ſon diſcours entortillé pour le bon ton ; chaque jour quelque nouvelle perfidie accréditoit de plus en plus ce Héros charmant ; hautain, insolent, sans égards, sans ménagement pour les femmes, il en étoit courû ; il étoit né, disoit-il, pour les subjuguer ; mais, ma foi, il n'en subjuguera plus. . . . . Il ne tardera pas sans doute à venir dans ces lieux pour se vanger de sa fille. . . . .

ARLEQUIN.

Comment de sa fille ? Je croyois qu'il ne pouvoit plus rien contre elle ?

MUTALIB.

Il est sûr, que par l'Arrêt prononcé contre mon frere & ma sœur, il ne leur est pas permis d'user de violence pour séparer leurs enfans ; mais la malignité a tant de ressources ! Elle inspire tant de ruses, de stratagêmes ! J'ai conseillé à mon Neveu de se tenir caché pendant le reste du jour ; j'ai aussi quelques avis à donner à ma Niéce. Tandis que je vais lui parler, attends moi ici, & examine bien tout ce qui se passera.

Il sort.

SCENE II.

ARLEQUIN *seul.*

CE Genie est bon-homme, mais je le crois un peu bête ; je le servirai d'inclination contre son frere & sa sœur ; cependant toujours de façon à ne me pas exposer : si j'aime les bonnes gens, je crains encore plus ceux qui ne le sont pas. . . . . Mais que vois-je . . . . Seroit-il possible . . .

SCENE III.

ARLEQUIN, CORALINE.

ARLEQUIN.

Coraline!

CORALINE.

Oui, c'est moi.

ARLEQUIN.

C'est toi! Mia-Cara-Coralina! hé, d'où viens-tu, ma chere Enfant?

CORALINE.

J'étois au nombre des personnes que le Genie tenoit enchantées dans ces Jardins; il y a quelque tems qu'il vint voir sa Fille; je lui reprochai la prison où il la tenoit enfermée, il se fâcha contre moi.......

ARLEQUIN.

Je te croyois morte; que je t'ai pleuré! la chere Coraline, disois-je, du moins, si j'en avois auparavant fait ma femme! hélas, peut-être est-elle morte fille!

CORALINE.

Qu'appelles-tu, peut-être?

SCENE IV.

ARLEQUIN, CORALINE, SCAPIN *au fond du Théâtre.*

ARLEQUIN *voulant caresser Coraline.*

MAis, n'est-ce point ton ombre ?

CORALINE.

Finis.

ARLEQUIN *continuant de la caresser.*

Ma chere Enfant, laisse-moi m'assurer que tu n'es point morte ; (*Elle lui donne un soufflet*) oh, parbleu, tu-es bien vivante ...... Dis-moi, je m'imagine qu'être enchantée, c'est comme si l'on dormoit. Faisois-tu de jolis songes ?

CORALINE.

Je ne pensois à rien.

ARLEQUIN.

Voilà comme vous dites toujours, vous autres filles ; ne rêvois-tu point quelquefois que je t'épousois ?

CORALINE.

J'aurois plûtôt rêvé à Scapin, à qui je suis promise.

ARLEQUIN.

En vérité, une personne qui a eu l'honneur d'être enchantée comme une Princesse, peut-elle encore penser à un Scapin ?

SCAPIN *s'approchant.*

Qu'appelles-tu, un Scapin ?

ARLEQUIN.

Ah, te voilà, mon Ami ?

SCAPIN.

Un Scapin ?

ARLEQUIN.

Sans doute un Scapin, un Scapin. N'est-tu pas un Scapin ? Si tu ne l'étois pas, qui diable voudroit l'être ?

SCAPIN.

Ecoute, j'ai retrouvé Coraline.

ARLEQUIN.

Et moi aussi, comme tu vois.

SCAPIN.

N'ayons point de querelles ensemble.

ARLEQUIN *d'un ton suffisant.*

Qu'appellez-vous donc, point de querelles ensemble, Monce Scapin, Monce Scapin ?

SCAPIN.

Elle est presque ma femme.

ARLEQUIN.

Quand elle le seroit tout-àfait ?

SCAPIN.

Tu sçais que je ne suis pas patient ?

ARLEQUIN *le morguant d'un ton fier.*

Que feras-tu ?

SCAPIN.

Si je te retrouve avec Coraline ?

ARLEQUIN.

Eh bien !

SCAPIN.

Je prendrai un bâton ....

ARLEQUIN.

Un bâton ? Voyons, voyons un peu.... ?

SCAPIN.

Je t'en donnerai cent coups....

ARLEQUIN *toujours fierement.*

Toi ?

SCAPIN.

Oui, moi, moi, moi.

ARLEQUIN *se radoucissant.*

Eh bien, tant mieux, je les recevrai ; ensuite j'irai retrouver Coraline ; charmante Coraline, lui dirai-je, Scapin vient de me donner cent coups de bâton ; il m'en a promis autant toutes les fois que je vous parlerois ; mais dût-il m'en donner cent mille, je ne puis cesser de vous aimer. Voilà le bâton, frappez vous-méme ;... Coraline est bonne, pitoyable, compatissante, le bâton lui tombera des mains, elle me regardera, elle soupirera.....

SCAPIN *avec rage.*

Ah, le cocquin !

ARLEQUIN.

Il n'y a point de cocquin là dedans, Monsieur Scapin, voilà comme on pense quand on aime !

SCENE V.

ARLEQUIN, SCAPIN, CORALINE, ZERME'S.

ZERME'S.

MON cher Arlequin, mon cher Scapin, mon Oncle, m'a dit tantôt que je pouvois avoir toute confiance en vous ; où est-il ? Je voudrois lui parler.

ARLEQUIN.

Je l'attends ici ; il ne tardera pas à revenir ; mais permettez-moi de vous dire que vous avez tort de vous montrer.

ZERMÉ'S.

Hélas !

ARLEQUIN.

Il vous avoit recommandé de vous tenir caché.

ZERMÉ'S.

Je ne puis vivre sans voir ma chere Florisse ! Coraline, où est-elle ?

ARLEQUIN.

En vérité, Monsieur, par votre amoureuse impatience, vous vous exposez à vous perdre, à la perdre elle-même, & à nous perdre tous.......

SCENE VI.

ZERMÉ'S, CORALINE, ARLEQUIN, SCAPIN, LA FÉ'E.

LA FÉ'E *au fond du Théâtre.*

VOILA mon indigne Fils !

ARLEQUIN *à Zermés.*

Si votre Mere venoit, si elle vous trouvoit, irritée comme elle l'est, vous passeriez, je crois, fort mal votre tems.

ZERMÉ'S.

Hé, pourquoi est-elle irritée ? Ne faut-il pas être la plus injuste de toutes les femmes, une marâtre...;

LA FÉ'E *au fond du Théâtre.*

Comme parle de moi ce Fils respectueux ?

SCAPIN *à Arlequin.*

Je crois qu'il n'y a rien à craindre ; devenue laide & hideuse, elle se tiendra cachée & n'osera se montrer....

LA FE'E *saisissant Scapin avec fureur.*

Laide & hideuse ?

Coraline s'enfuit en jettant un cri de frayeur ; Arlequin reste un moment tout tremblant & s'échappe ensuite.

SCAPIN *tout tremblant.*

Madame... Excusez... C'est qu'on m'avoit dit... Mais je vois qu'on avoit tort... & vous voilà toute aussi jeune, toute aussi fraîche, toute aussi belle....

Il veut s'enfuir.

LA FE'E *le poursuivant jusqu'à l'entrée de la Coulisse ; & le frappant de sa baguette, il paroît en Buste sur un Piédestal.*

Tu ne m'échapperas pas....

Elle poursuit son Fils, & revient ensuite sur le Théâtre.

Ni toi non plus.

SCENE VII.

LA FE'E *seule.*

CE n'est qu'un commencement de vangeance ; ce n'est qu'un foible essai des fureurs dont mon ame est agitée contre ces coupables Amans ; malheureuse ! quel changement affreux ! en quel état me vois-je reduite !... J'attends Zulphin ; il m'a fait dire de me rendre dans ces lieux pour consulter ensemble s'il n'y a point de reméde à nos maux ;.... Peut-être est-il dans ces bois ? Voyons : les endroits les plus solitaires & les plus sombres ne sçauroient l'être desormais assez pour nous deux !

Elle sort.

SCENE VIII.

MUTALIB *seul.* (SCAPIN *en Buste au bord de la Coulisse.*)

ELLE s'éloigne, l'indigne Mégere ! mais aussi quelle imprudence a son Fils de se montrer! son impatient amour l'a emporté sur mes conseils ; il a voulu revoir sa Maîtresse....

SCENE IX.

MUTALIB, ARLEQUIN, SCAPIN *en Buste au bord de la Coulisse.*

ARLEQUIN *arrivant en faisant de grands éclats de rire;*

HA! ha! ha!

MUTALIB.

Je crois que tu ris?

ARLEQUIN.

Ma foi, c'est aprés avoir eu grand-peur.

MUTALIB.

Sçais-tu ce qui est arrivé à mon Neveu?

ARLEQUIN.

Comment, si je le sçais? c'est ce qui me fait rire.

MUTALIB.

Malheureux, tu mériterois.....

ARLEQUIN.

Tapi derriere un arbre; je n'étois qu'à dix pas,

lorsque sa Mere l'a poursuivi, & le touchant de sa baguette, l'a métamorphosé; c'est à présent le plus beau Matou!.... Mais en perdant sa figure, il n'a pas perdu son amour; il a couru tout de suite dans le Jardin où Mademoiselle Florisse étoit assise; il s'est placé devant elle; elle a toujours aimé les chats, & il la regardoit si tendrement qu'elle s'est baissée pour le flatter de la main; il a haussé le dos avec un miaulis si doux, si tendre, si délicat qu'elle l'a pris sur ses genoux avec une espece de transport. Il a le corps noir, toute la tête blanche, & le petit bout de la queue; de beaux grands yeux à fleur de tête, les oreilles bien placées; une gueulle petite, agréable & façonnée. Vous pouvez vous vanter d'avoir dans ce Neveu là une des plus jolies bêtes qu'on puisse voir.

MUTABIL.

As-tu dit à ma Niéce que c'étoit son Amant?

ARLEQUIN.

Non, j'ai pensé que si elle le sçavoit, peut-être lui retrancheroit-elle bien de petites privautés, bien de petits agrémens dont le pauvre Minet sera bien-aise de profiter, jusqu'à ce que vous lui rendiez sa Figure.

MUTALIB.

Cela n'est pas en mon pouvoir; mais je suis sûr que ma sœur, qui s'est laissée d'abord emporter à un premier mouvement de fureur, reflêchira bientôt qu'elle a agi contre l'Arrêt des Fées, & qu'elle ne tardera pas à la lui rendre.

ARLEQUIN *appercevant la tête de Scapin au bord de la coulisse.*

Que diable!... Me trompai-je?.... Non, ma foi.... c'est la tête de Scapin!

MUTALIB.

Oui, & un autre trait de la méchanceté de ma sœur.

ARLEQUIN.

Comment! le voilà en Buste comme un Empereur Romain! cette métamorphose est trop honorable pour un faquin comme lui.

MUTALIB *tandis qu'Arlequin remue la tête de Scapin & la fait aller comme celle d'une Pagode.*

Je ne puis pas rompre entierement l'enchantement de ce pauvre garçon, mais je puis du moins lui rendre l'usage du sentiment & de la parole.

(Il le touche de sa baguette.)

SCAPIN *ouvrant les yeux avec beaucoup de grimaces & de contorsions, & s'avançant sur le Théâtre.*

Ah! Seigneur Mutalib, ayez pitié de l'état où vous me voyez.

MUTALIB.

Mon cher Scapin, il m'est impossible à présent d'en faire d'avantage pour toi.

SCAPIN.

Quoi, je resterai comme je suis?

MUTALIB.

Il faut t'armer de patience.

ARLEQUIN.

Parbleu, sauf le respect que je vous dois, n'en pouvant pas faire d'avantage pour lui, il valloit mieux le laisser tout-à-fait statue, & ne lui pas rendre le sentiment; s'il a faim à présent, comment voulez-vous qu'il s'y prenne pour manger & se nourrir?

MUTALIB.

Pour manger & se nourrir? Voilà bien la premiere réflexion d'un gourmand comme toi; mais dans

dans le ſond tu as raiſon ; (*il tire un petit bâton de ſa poche*) prens ce petit bâton de ſimpathie, toutes les fois qu'en bûvant & en mangeant, tu le toucheras de ce petit bâton, en diſant, Scapin, je bois pour toi, Scapin, je mange pour toi, ce ſera comme s'il bûvoit & mangeoit lui-même.

ARLEQUIN.

Cela appaiſera ſa faim, ſa ſoif? il aura le même plaiſir?

MUTALIB.

Oui, & ſi tu en doutes, tu peux l'éprouver.....

Mutalib frappe du pied, & de deſſous le Théâtre ſort un panier où il y a du pain, du vin, des verres, de l'eau, des ſerviettes, &c.

Tandis que je vais dans ce bois tâcher d'obſerver les diſcours & les démarches de mon frere & de ma ſœur, qui s'y ſont donné rendez-vous pour conſulter enſemble s'il n'y auroit point quelque remède à leur malheureuſe ſituation. *Il ſort.*

SCENE X.

ARLEQUIN, SCAPIN.

SCAPIN.

JE ſuis bien à plaindre, mon cher Arlequin!

ARLEQUIN.

Mais, non, puiſqu'avec ce petit bâton de ſimpathie, je puis pourvoir à tous tes beſoins. Voyons, as-tu appetit?

SCAPIN.

Tu ſçais que je n'ai pas mangé de la journée.

ARLEQUIN.

Le pauvre garçon ! (*Il lui attache une serviette, le touche du petit bâton, coupe un morceau & mange.*) C'est pour Scapin que je mange.... Trouves-tu cela bon ?

SCAPIN.

Fort bon.

ARLEQUIN *lui essuyant la bouche avec la serviette.*

Cela est fort singulier ! fort singulier ! j'aurois crû l'avoir mangé. (*Il verse du vin dans un verre & boit.*) Et ce vin ?

SCAPIN.

Excellent ; encore un coup.

ARLEQUIN *verse & boit.*

Volontiers.

ARLEQUIN *lui essuyant encore la bouche.*

Tu vois que je suis poli ; je t'ai servi le premier.... Mais, Monce Scapin, vous souvenez-vous de certaines menaces de coups de bâton....

SCAPIN.

Oh ! ne parlons point de cela, mon Ami.

ARLEQUIN.

Je veux en parler.

SCAPIN.

J'ai eu tort.

ARLEQUIN.

Vous dites que vous avez eu tort, parce que vous voyez que votre estomac est à présent à ma discrétion.... insulter de la sorte un homme comme moi ! celà mérite punition ; cela mérite punition, & je vous condamne au pain & à l'eau pendant huit jours.

SCAPIN.

Quoi, Arlequin, tu serois capable....

ARLEQUIN *verse de l'eau dans un grand verre & y trempe un morceau de pain.*

C'est pour Scapin que je bois, (*après avoir bû*) cette eau est-elle fraiche ?... & ce pain trempé ? Tu es naturellement yvrogne, gourmand ; un peu de diette ne te fera point de mal. Regarde-moi manger à présent pour mon compte.

Il s'assied à terre, boit & mange avec un grand appetit.

SCAPIN.

Est-il possible qu'Arlequin, que j'ai toujours connu pour un garçon généreux, un bon cœur, en agisse avec cette cruauté à l'égard d'un ancien Ami ? si j'étois à ta place, & que tu fusses à la mienne, je ne me mettrois à table que pour toi, je ne boirois que pour t'enyvrer ; tu devrois mourir de honte !

ARLEQUIN.

Va, tu me fais pitié ; bois un coup à ma santé ; c'est pour Scapin que je bois.

Il verse un verre de vin & boit.

SCAPIN.

A ta santé, mon Ami.

ARLEQUIN *après avoir bû.*

Je te remercie.

SCENE XI.

ARLEQUIN, SCAPIN, CORALINE.

CORALINE.

AH ! mon cher Scapin, qu'est-ce que Mutalib vient de m'apprendre ! seroit-il possible ! hélas, il n'est que trop vrai !

SCAPIN.

Tu vois, ma chere Coraline, je n'ai plus ni bras, ni jambes.

CORALINE.

Mon cher Scapin! mon cher mari!

SCAPIN.

Epargne-toi ces caresses, ma chere Enfant; c'est comme si tu embrassois un marbre.

ARLEQUIN *à Coraline.*

Cela est vrai; c'est à moi à présent qu'il faut faire des amitiés pour qu'il s'en ressente; je bois & je mange pour lui; ne t'afflige point, tu n'y perdras pas; je veux aussi dès ce soir t'épouser pour lui.

SCAPIN.

Je suis ton serviteur.

ARLEQUIN.

C'est moi qui suis le tien; je l'épouserai, te dis-je, pour toi. (*Il prend la main de Coraline.*) Belle petite menotte, c'est pour Scapin, c'est pour Scapin que je vous baise.

SCAPIN.

Ne badinons point je te prie.

ARLEQUIN *à Scapin.*

Tu auras bien du plaisir, je t'en reponds.

SCAPIN.

Tu es trop serviable; Coraline, viens de mon côté; éloigne-toi de lui; ne souffre pas qu'il t'approche.

ARLEQUIN.

Oh, tu le prens sur ce ton là? Eh bien, cela suffit; je ne suis pas obligé de me donner la peine de mâcher, d'avaler pour toi; je t'assure que tu feras diette.

SCAPIN.

Mais, malheureux, peux-tu vouloir abuser de ma triste situation!

ARLEQUIN

C'est toi qui abuses de mes bontés.

SCAPIN

Fais donc réflexion.....

ARLEQUIN.

Et toi, fais diette; nous verrons comment ton pauvre estomac s'accommodera de tout ceci.

SCAPIN.

Est-il possible que je sois à la merci d'un barbare...

ARLEQUIN.

Est-il possible que j'appartienne à un vilain jaloux, dira ton estomac.....

SCENE XII.

ARLEQUIN, SCAPIN, CORALINE, MUTALIB.

MUTALIB.

HE', malheureux, éloignez-vous, éloignez-vous vîte; mon frere & ma sœur esperent, qu'en évoquant les Puissances infernales, ils trouveront quelque reméde à leur situation; ils vont arriver dans cet endroit; ils l'ont choisi pour faire leurs détestables sortiléges & leurs conjurations.....

On voit plusieurs éclairs suivis d'un grand coup de tonnerre.

ARLEQUIN *s'enfuyant.*

Je suis mort!

SCAPIN *s'en allant, appuyé par Coraline.*

Ma chere Coraline, aide-moi & ne m'abandonne pas.

SCENE XIII.

LA FÉE, ZULPHIN.

Les vents grondent ; on entend des mugissemens & des secousses souteraines ; le Théâtre s'obscurcit entierement & devient une caverne ; deux globes de feu se précipitent du ceintre avec la plus grande vitesse, traversent le Théâtre, l'un de droite à gauche, l'autre de gauche à droite, & vont tomber dans les coulisses opposées : la Fée & le Génie qui étoient dans ces globes, s'avancent ; ils font plusieurs cercles en l'air avec leurs baguettes. L'Orchestre forme un accompagnement sourd, dont les mouvemens deviennent peu à peu plus pressés ; tout d'un coup cette Musique s'interrompt & ne forme plus que de moment à autre quelques accens lugubres & plaintifs ; différens Spectres paroissent ; l'Orchestre recommence son accompagnement avec des mouvemens plus vifs. Quatre démons sortent de dessous le Théâtre, & forment une danse : on entend encore le tonnerre ; une vapeur épaisse s'éleve, & lorsqu'elle se dissipe, on voit une horrible Furie qui prononce ces paroles :

Vous m'évoquez en vain du séjour ténébreux ;
Rien ne sçauroit changer votre Arrêt rigoureux.

Elle s'abime. Le Génie & la Fée s'en vont en marquant par leurs gestes leur désespoir.

Fin du Second Acte.

ACTE III.

Le Théâtre représente une Forêt.

SCENE PREMIERE.

MUTALIB, ARLEQUIN *descendans d'un nuage.*

ARLEQUIN.

NOUS sommes venus bon train ; combien avons-nous fait de chemin à peu près ?

MUTALIB.

Deux cens lieues.

ARLEQUIN

Deux cens lieues ! il n'y a pas un quart-d'heure que nous sommes partis ; je me plairois beaucoup à voyager de même ; on n'est ni écorché, ni cahotté, ni obligé de rosser les Postillons. Allons, dites-moi donc à présent ce que nous venons faire ici.

MUTALIB.

Je viens y consulter un Oracle fameux, & en même-tems épier les mauvais desseins de mon frere

& de ma sœur ; j'ai dit à Scapin d'observer au coin du bois ; toi, reste ici, tandis....

ARLEQUIN.

Mais, tandis que vous irez d'un côté, si votre sœur vient de l'autre & me rencontre? Elle a bien voulu rendre à Scapin sa figure, mais elle lui a dit que si à l'avenir elle soupçonnoit que nous fussions lui & moi dans les intérêts de son Fils, elle nous puniroit de façon que nous nous en souviendrions toute notre vie.

MUTALIB.

Prens cette bague ; en la mettant au petit doigt de la main gauche tu paroîtras aux yeux de quiconque te regardera ce que tu voudras être, arbre, rocher, ruisseau, animal, homme, femme, en un mot ce que bon te semblera. D'ailleurs, je ne serai pas long-tems à revenir.

Il sort.

SCENE II.

ARLEQUIN *seul.*

QUE de filles, qui, sans avoir cette bague, paroissent ce qu'elles ne sont plus depuis long-tems! que de coquins, qui, sans l'avoir au doigt paroissent d'honnêtes gens!

SCENE III.

ARLEQUIN, UN BERGER.

LE BERGER *chante derriere le Théâtre.*

EN vain une Mere févére ;
Veille fur ma Bergere. . . . ;

ARLEQUIN.

J'entends chanter.... Ah ! c'eft un Berger.

LE BERGER *arrivant fur le Théâtre.*

Elle m'a promis qu'en ces lieux,
Elle viendroit combler mes vœux.

ARLEQUIN *à part.*

Il attend fa Maîtreffe ; éprouvons la vertu de la bague. Voyons, qu'eft-ce que je veux paroître à fes yeux ?... Un arbre ?... Oui, un arbre ; mais où le planterai-je ?... ici.

Il fe met au milieu du Théâtre & s'y tient droit.

LE BERGER *continue de chanter.*

Efpoir délicieux,
De poffêder l'objet que j'aime ;
Tu me fais, dans l'attente même ;
Gouter mille momens heureux.

Ma chere Zerbinette, enfin après tant de foins, de peines & de foupirs, j'obtiendrai la récompenfe dûe à mon amour ! . . . . Asseyons-nous sous cet arbre, d'où je pourrai la voir venir.

S'asseyant aux pieds d'Arlequin.

J'irai au devant d'elle ; je tâcherai de la conduire dans le petit bocage ; il y fait sombre ; quelquefois le trop grand jour effraye les amours. . . .

Arlequin se baisse & lui souffle aux oreilles.

Il fait bien du vent dans cet endroit.

Il veut s'adosser, Arlequin se met à droite, à gauche, ensuite se recule de deux pas, ensorte qu'il tombe à la renverse; il se leve en regardant Arlequin qui lui paroît toujours un arbre.

Qu'est-ce donc ? Il semble que cet arbre recule... En attendant, ma chere Zerbinette, amusons-nous à y graver son nom & le mien.

Il va à l'autre bord du Théâtre cherchant son couteau.

ARLEQUIN.

Oui da, il graveroit sur ma phisionomie comme sur une écorce ? Allons, ma bague, changeons de figure, sa Maitresse est Bergere, elle doit avoir des moutons, paroissons le mouton favori de la Belle.

Il va au fond du Théâtre, se met à quatre pattes & commence à béeler.

LE BERGER.

Ah ! je vois le mouton chéri de Zerbinette, tâchons de l'attrapper.

Il court après Arlequin, qui, après bien des lazis, se laisse enfin prendre ; il se couche à terre à côté de lui, & le caresse.

Petit mouton, tu appartiens à la plus aimable Bergere du canton ; elle badine avec toi ; elle te caresse sans cesse ; elle te donne mille baisers : si tu pouvois en connoître le prix, que tu serois heureux !

Arlequin s'échappe, sort du Théâtre en béelant, & le Berger le suit.

Quoi, tu veux t'enfuir ? Oh, je te rattrapperai.

SCENE IV.

SCAPIN *seul.*

LA Fée m'a pardonné & m'a rendu ma figure; mais elle m'a fait de si grandes menaces que je ne veux plus me méler entre elle & son fils.

ARLEQUIN *arrive en riant.*

Avec la bague je me suis rendu invisible; le Berger est bien embarassé à me chercher dans le fond du bois; il croit peut-être à présent que le loup m'a emporté.... Mais, voilà Scapin. Allons, ma bague, divertissons-nous un peu à ses dépens.

Il s'approche de Scapin en béelant; Scapin regarde d'un côté, il se met de l'autre & aboye comme un gros chien; Scapin se retourne, il change de place & contrefait le chat; il se place derriere lui & contrefait le chant du cocq, & ensuite le brayement de l'âne & le coucou.

En voilà assez, ôtons ma bague, (*à Scapin*) que diable as-tu donc tant à te remuer & t'agiter?

SCAPIN.

Je suis entouré de bêtes qui disparoissent dès que je regarde.

ARLEQUIN.

De toutes ces bêtes-là, il n'y en a point d'aussi grosses que toi; que crains-tu?

SCAPIN.

Morbleu, mon Ami, je tremble à chaque pas, il me semble voir à tout moment la Fée changer ma figure... Où est le Seigneur Mutalib?

ARLEQUIN.

Il ne tardera pas à revenir ; c'est ici qu'il doit consulter sur le sort de son Neveu & de sa Niéce un Oracle fameux, qui lit, dit-on, tout couramment dans le livre du destin.

SCAPIN.

Qu'est-ce que ce livre du destin ?

ARLEQUIN.

C'est un fort bon livre, fort curieux, où sont inscrits les noms, & ce qui doit arriver à tous les hommes.

SCAPIN.

A tous les hommes ?

ARLEQUIN.

Oui, à tous ; depuis le plus grand Capitaine, jusqu'au... jusqu'au plus petit Abbé.

SCAPIN.

Crois-tu que mon nom soit sur ce livre-là ?

ARLEQUIN.

Sans doute, les Faquins comme les honnêtes gens, tous y sont... Scapin né tel jour... marié tel jour... cocu à telle heure... fera mille friponneries... finira par être pendu.

SCAPIN.

Tu mens, cela n'y est pas.

ARLEQUIN.

Je ne mens point, cela doit y être.

SCAPIN.

Coquin !

ARLEQUIN.

Maraut !

SCAPIN.

Tu ne te plais qu'à me dire des injures, à la fin....

SCENE V.

ARLEQUIN, SCAPIN, MUTALIB.

MUTALIB.

Qu'est-ce donc? Quoi, je ne puis pas vous laisser un moment ensemble que vous ne vous querelliez?

ARLEQUIN.

Comment voulez-vous que je fasse avec un animal qui m'interroge, à qui je reponds les choses les plus naturelles, les plus vrayes, qui fait l'incrédule, & me dit que j'ai menti?

MUTALIB.

Scapin, vous avez tort.

SCAPIN.

J'ai tort de ne pas croire que je serai cocu, pendu....

MUTALIB.

Finissons. Je ne m'étois pas trompé; mon frere a fait transporter sa fille dans ces lieux.

ARLEQUIN.

Et a t'elle emporté le chat avec elle? Le pauvre animal s'ennuyroit bien s'il ne la voyoit pas.

MUTALIB.

Il n'est plus question de cette métamorphose de mon neveu; ma sœur lui a rendu sa figure; quelle Maratre! quel Pere dénaturé! Je viens de leur parler à l'un & à l'autre; prieres, raisons, menaces, j'ai tout employé; je n'ai pû les fléchir, je n'ai pû obtenir qu'ils détruisissent ce qu'ils ont imaginé pour se vanger de leurs enfans.

ARLEQUIN.

Hé, qu'ont-ils imaginé ?

MUTALIB.

Ils ont fait venir un Gnome des plus hideux sans doute & des plus malfaisans ; ils lui ont donné la figure de Zermés ; la ressemblance est si parfaite, que je n'ai jamais pû distinguer lequel est le véritable ; j'ai crû qu'en les faisant parler, je le reconnoîtrois aisément ; mais l'enchantement est fait de façon que lui & son semblable n'ont point l'usage de la parole ; ce n'est que par leurs gestes, leurs empressemens, leurs regards & leurs soupirs qu'ils expriment l'un & l'autre leur amour à Florisse ; je viens de les laisser à ses genoux ; juge de la cruelle situation de ma Niéce.

ARLEQUIN.

Point si cruelle ; si j'avois une Maitresse que j'aimerois, & qu'on ne me fit point d'autre mal que de m'en donner encore une autre qui lui ressembleroit, je ne m'affligerois pas.

MUTALIB.

Mais, malheureux....

ARLEQUIN.

Mais, Monsieur, tandis que son Pere la tenoit enfermée dans le château, elle se désespéroit de n'avoir point d'Amant ; à présent il l'amene ici pour lui en donner deux, & elle se plaindroit encore ? Ma foi, on pourroit dire que l'on ne sçait plus comment faire pour contenter les filles.

MUTALIB.

Songe donc qu'il la force à choisir dans le jour un des deux pour Epoux.

ARLEQUIN.

Oh, cela est différent ; diantre, si elle alloit se

tromper au choix & qu'elle se trouvât demain, en s'éveillant, mariée à un vilain Gnome, cela seroit fort désagréable !

On entend le chant d'un, de deux, & ensuite de trois oiseaux.

MUTALIB

C'est ici que le fameux Oracle des oiseaux rend ses réponses; je veux le consulter. Divin interprête des destinées, je protége deux tendres Amans; leurs parens les persécutent; daigne m'éclaircir sur le sort que le Ciel reserve à leur amour.

Une voix chante.

Ces deux Amans, dont le sort t'inquiéte,
Doivent se donner dans ce jour,
Une preuve parfaite
De leur fidelle amour.
Prépare le tombeau d'une Amante chérie;
C'est-là qu'à son Amant elle doit être unie.

MUTALIB.

Au tombeau! quel Oracle, grands Dieux!

ARLEQUIN.

Il est des plus tristes.

MUTALIB.

Quand je joins cette réponse au stratagême indigne dont mon frere & ma sœur se servent pour tourmenter leurs enfans, je ne prévois que trop que ma niéce, croyant choisir son Amant, choisira son Rival; qu'au désespoir de s'être trompée, elle se donnera la mort; que Zermés ne voudra pas lui survivre, & que voilà la preuve qu'ils doivent se donner du tendre & fidelle amour qui les unit.

ARLEQUIN.

Seigneur, j'ai toujours entendu dire que dans les réponses des Oracles, des Sibiles, des Bohémiens, des Devins, du Diable, il y avoit souvent un sens caché qui ne frappe pas d'abord ; à votre place, je m'attacherois uniquement à connoître lequel de ces deux Amans est le véritable....

MUTALIB.

L'enchantement, te dis-je, est fait de façon que cela ne me paroît pas possible ; cependant pour ne rien négliger, & n'avoir rien à me reprocher, je vais encore consulter une Fée de mes Amies & dont les conseils m'ont été utiles en d'autres occasions.... J'apperçois ma Niéce ; reste auprès d'elle, & si elle me demande, dis-lui que je ne tarderai pas à revenir.

SCENE VI.

FLORISSE, CORALINE, ZERME'S, LE GNOME, ARLEQUIN, SCAPIN.

FLORISSE *à Zermés & au Gnome.*

QUOI, vous vous obstinez à me suivre ! Ah ! laissez-moi, laissez-moi.

ARLEQUIN *les examinant tour à tour.*

Que diable... En effet.... plus je les considere.... rien n'est plus ressemblant.

FLORISSE.

Avoir mon Amant devant mes yeux, & douter toujours si c'est lui ! le trouver à chaque moment, & craindre sans cesse de me tromper, quel tourment !

ARLEQUIN.

ARLEQUIN *tirant Florisse & Coraline à part.*

Mademoiselle, écoutez, écoutez-moi ; n'est il pas certain qu'un véritable Amant, lorsqu'il reçoit la moindre faveur de sa Maitresse, doit ressentir une émotion cent fois plus vive que celui qui n'est que légérement épris ?

FLORISSE.

Je le crois.

ARLEQUIN.

Or, cette émotion se peint dans les yeux ?

FLORISSE.

Assurément.

ARLEQUIN.

Eh bien, au lieu de vous affliger & de leur dire de vous laisser, il faut prendre un air gracieux, les accueillir.....

FLORISSE.

Mais, songe donc qu'il y en a un des deux à qui je dois toute ma haine.

ARLEQUIN.

Mais vous ne le connoissez pas ; pour le connoître, il faut, vous dis-je, d'abord les accueillir également ; risquer même des carresses, de petites faveurs ; examiner en même-tems leurs regards : il n'est pas douteux que celui qui vous paroîtra le plus émû, le plus saisi, le plus pénétré, ne soit le véritable Amant.

CORALINE.

Mademoiselle, je crois qu'il a raison.

ARLEQUIN.

Comment, si j'ai raison ?... Asseyez-vous, asseyez-vous-là ; prenez une attitude tendre, nonchalante.

Il va chercher les deux Amans & leur fait signe de se mettre aux genoux de Florisse.

Examinez bien s'ils se jettent à vos genoux avec le même empressement, le même transport.... Regardez les à présent tendrement...Le plus tendrement que vous pourrez...Fort bien...Laissez leur prendre à chacun une main.... Vous paroissent-ils la baiser avec la même ardeur?

FLORISSE.

Hélas, oui.

ARLEQUIN.

Dans les yeux de l'un, ne démélez-vous pas un dégré d'émotion plus marqué que dans les yeux de l'autre?

FLORISSE.

Hélas, non.

ARLEQUIN.

Hélas, oui, hélas, non, que diable, je ne sçais plus que vous dire.

SCENE VII.

FLORISSE, CORALINE, ZERME'S, LE GNOME, ARLEQUIN, SCAPIN, MUTALIB.

MUTALIB *aux deux Amans.*

J'AI à parler en particulier à ma Niéce, éloignez-vous; (*à Scapin & à Arlequin*) & vous aussi.

ARLEQUIN.

Moi!

MUTALIB.

Oui, toi.

ARLEQUIN *en s'en allant avec Scapin & les deux Amans.*

Il a le ton bien rebarbatif! il y a quelque mauvaise nouvelle.

MUTALIB.

Coraline, tu peus rester.

MUTALIB.

Ma chere Florisse, vous étes encore bien plus à plaindre que je ne croyois; votre pere vous obligeoit de choisir dans ce jour un Epoux entre ces deux Rivaux; du moins aviez-vous la consolation de penser que votre Amant étoit un des deux, & que je pourrois trouver quelque moyen qui vous aideroit à les distinguer; on nous trompoit....

FLORISSE *avec émotion.*

Quoi...

MUTALIB.

Votre Amant, depuis ce matin, n'a point paru devant vous.... Hélas!... & il n'y reparoîtra jamais!

FLORISSE *avec effroi.*

Il n'y reparoîtra jamais?

MUTALIB.

Je me promenois dans ce bois... des soupirs... une voix plaintive... votre nom que j'ai entendu prononcer...

FLORISSE.

Tout mon sang se glace!...

MUTALIB.

J'ai aprproché... j'ai vû... l'infortuné Zermés baigné dans son sang...

FLORISSE.

Mon Amant!....

MUTALIB

Le désespoir de vous voir perdue pour lui, & bientôt entre les bras d'un autre, la porté à attenter sur ses jours.

FLORISSE.

Il est mort!... Dieux cruels!... Pere barbare!... il est mort!...

MUTALIB *lui montrant un poignard.*

Ce fer a terminé son malheureux sort.

FLORISSE *lui arrachant le poignard & se frappant.*

Et va nous rejoindre.

CORALINE *effrayée & la soutenant.*

Ah! Madame, ah! Seigneur.

MUTALIB.

Ne crains rien; le fer dont elle vient de se frapper ne peut être fatal qu'aux coupables & aux scélérats; je la rappellerai aisément à la vie, lorsqu'il en sera temps; la douleur que je viens de lui marquer étoit feinte.....

CORALINE.

Quoi, Zermés.

MUTALIB.

Zermés ne s'est point tué; mon Art n'étant pas assez puissant pour m'aider à le distinguer de son prétendu Rival, j'ai eu recours à ce moyen extrême; tu diras que je suis venu déclarer à ta Maitresse que je ne pouvois lui être d'aucun secours; qu'alors la crainte de n'être point à ce qu'elle aime, & le désespoir de se voir peut-être unie à quelque monstre, lui ont fait prendre le parti violent de se soustraire à la tirannie de son Pere en se donnant la mort; je vais lui faire rendre les honneurs funèbres; selon toute apparence, sa perte sera assez indifférente à ce Gnome, qu'on force à paroître ici sous la figure de mon Neveu, au lieu que ce tendre Amant se fera aisément reconnoître à toute la douleur, & le désespoir où se livrera son ame...... Esprits Aëriens qui m'êtes subordonnés, paroissez.

Quatre Silphes paroissent & emportent Florisse au fond du Théâtre au milieu d'un rond d'arbres; à l'instant un tombeau s'élève; d'autres Silphes commencent le deüil, jettent des fleurs sur le tombeau, y attachent des guirlandes, & par différentes attitudes expriment leur douleur, & forment une danse caractérisée.

ACTE IV.

Le Théâtre est entierement obscurci, & représente un Tombeau au fond d'un bois, au milieu d'un rond d'arbres.

SCENE PREMIERE.

MUTALIB, CORALINE.

CORALINE.

JE ne conçois pas votre idée ; il me semble que le moyen que vous avez employé pour découvrir lequel des deux étoit le véritable Amant, vous a réussi ?

MUTALIB.

Je sçais qu'au récit que tu leur as fait de la mort de Florisse, l'un n'a paru qu'étonné, au lieu que l'autre, saisi de la plus vive douleur, est tombé sans sentiment....

CORALINE.

Eh bien, pouvez-vous douter que celui-là ne soit Zermés ?

MUTALIB.

Non.

CORALINE.

Pourquoi donc ne le pas tirer d'erreur? Pourquoi ne lui pas dire qu'il reverra bientôt sa Maîtresse vivante? Il y a de la barbarie à le laisser dans un état si cruel!

MUTALIB.

Ce n'est pas à moi, c'est à l'Amour & à l'Amour le plus parfait que puissent ressentir deux Amans, à faire le dénouement de tout ceci; tel est l'Arrêt du destin; je ne dois qu'ouvrir ce tombeau. Approchons.

Il approche du Tombeau, qui s'ouvre lorsqu'il l'a touché de sa baguette.

Elle ne tardera pas à sortir de son assoupissement; tu peus, si tu veux, rester ici, mais garde toi bien de parler, quelque chose que tu voyes, ou que tu entendes.

CORALINE *avec effroi.*

Moi, rester ici seule la nuit, au milieu de tous ces objets funébres! je mourrois de peur!

MUTALIB.

Eh bien, suis moi donc.

Ils sortent.

SCENE II.

ARLEQUIN *seul, arrivant en tatonnant comme un homme qui marche dans l'obscurité.*

VOILA Mademoiselle Florisse morte; son Amant sera peut-être aussi la sotise de se tuer; le Seigneur Mutalib, qui doit être bien affligé de tout ceci m'oubliera, & toutes les promesses de récompense qu'il m'a faites; tâchons de nous payer par nos mains: qu'est-ce qu'une morte a besoin d'un beau collier? Ce vol n'est point un vol; il ne fait tort à personne, au lieu qu'il me mettra à mon aise pour le reste de mes jours... Allons, avançons.

SCENE III.

ARLEQUIN, SCAPIN.

SCAPIN *arrivant d'un autre côté.*

LA nuit des plus obscures favorise mon dessein... Orientons-nous... le Tombeau doit être-là.

ARLEQUIN *à l'autre bout du Théâtre.*

Je ne suis pas dans l'habitude de faire des visites aux gens de l'autre monde, je me sens un frissonnement...

SCAPIN.

N'entends-je pas du bruit?

Ils s'approchent l'un de l'autre en tatonnant; la frayeur les saisit, & ils l'expriment par différentes postures des plus comiques.

ARLEQUIN.

Je crois avoir touché des cornes...

SCAPIN.

Il me semble que j'ai senti sur mon visage une main froide....

Ils continuent leurs lazzis ; peu à peu la Lune se leve, & le Théâtre commence à être plus éclairé, mais toujours d'une clarté sombre.

ARLEQUIN.

La Lune se leve, je vais être vû.

SCAPIN.

Il sera clair en un moment, je ne sçais où me cacher.

ARLEQUIN.

Il faut me tapir dans ce coin.

SCAPIN.

Je vais me cacher dans cet endroit.

Ils se mettent aux deux coins du Théâtre, où ils se font les plus petits qu'ils peuvent ; après s'être regardé d'abord en tremblant, ils se rassurent peu à peu & s'approchent.

ARLEQUIN.

C'est toi, Scapin !

SCAPIN.

C'est toi, Arlequin !

ARLEQUIN.

Que viens-tu faire ici ?

SCAPIN.

Qu'y viens-tu faire toi-même ?

ARLEQUIN.

Coquin, briguand, scélérat, je suis sûr que tu venois voler le beau collier de Mademoiselle Florisse.

SCAPIN.

SCAPIN.

Maraut, fripon, vaurien, tu as trop bien deviné mon dessein pour n'avoir pas eu le même.

ARLEQUIN.

Ma foi, mon Ami, tu as raison.

SCAPIN.

Allons, entre honnêtes gens, il ne convient pas de se faire tort, viens, nous partagerons ce que nous trouverons.

Ils avancent vers le Tombeau au moment que Florisse en sort ; la plus grande frayeur les saisit ; ils s'enfuyent.

SCENE IV.

FLORISSE *seule.*

OU suis-je!... D'où viens-je!... il me semble que je m'éveille après un long assoupissement... Mais, ce Tombeau, ces vétemens, cette nuit profonde, ce silence, ces lieux deserts qui me sont inconnus.... Me laisseroit-on ainsi, si je n'étois pas morte ?... N'ai-je pas plongé dans mon sein le même poignard dont mon Amant s'étoit frappé ?... Non, cher Amant, non, je me sens trop tranquille pour être encore vivante, je t'ai suivi ; nous sommes à présent affranchis l'un & l'autre de la tirannie de nos barbares parens ; nous ne dépendons plus que des Dieux ; ils sont trop justes pour ne me pas faire rencontrer ton ombre... C'est Mutalib sans doute qui m'a élevé ce Tombeau ; le tien ne doit pas être éloigné : hélas, ne devoit-il pas nous donner le même ! après avoir marqué tant d'empressement pour nous unir pendant notre vie, ne devoit-il pas du moins nous rejoindre après notre mort!... Voyons, parcourons ces lieux. *Elle s'éloigne.*

SCENE V.

ZERMÉ'S *seul.*

VOILA donc ce Tombeau! je puis enfin en approcher! je puis avant d'y verser tout mon sang, l'arroser quelques momens de mes larmes!... Chere Florisse, est-ce donc là le rendez-vous que s'étoit donné notre amour! est-ce donc là que devoit aboutir notre espoir! qui m'eût dit ce matin, lorsqu'à vos genoux, je vous pressois de recevoir & mon cœur & ma foi, que je viendrois ce soir m'unir à vous au pied de ce triste monument! qui m'eût dit que ces traits où brilloit tout l'éclat de la jeunesse, que ces yeux dont chaque regard m'enchantoit, alloit être pour jamais couverts des ombres de la mort!... Vous n'êtes plus, & je respire encore!

SCENE VI.

ZERMÉ'S, FLORISSE *paroissant au fond du Théâtre & avançant lentement.*

FLORISSE.

J'ENTENS des plaintes & des gémissemens.

ZERMÉ'S.

Vous n'êtes plus!... Puis-je prononcer ces mots & ne pas expirer de douleur!

FLORISSE.

C'est lui même ! ... C'est toi, cher Amant....

ZERME'S *effrayé.*

Que vois-je, ô Ciel !

FLORISSE.

Quoi, tu me fuis ? tu te dérobes à mes embrassemens ?

ZERME'S.

Non.... Je n'ai pas été le Maître d'un premier saisissement, mais je vous aime trop pour être plus long-tems effrayé... Chere ombre, le Ciel m'est témoin que je viens ici pour vous rejoindre.

FLORISSE.

Je te cherchois aussi ; enfin nous ne serons plus séparés ; les Dieux devoient cette récompense à notre innocence, à nos malheurs & à notre amour ; cher Amant, quelle douceur de t'avoir prouvé par ma mort combien je t'étois attachée ! ah ! peut on survivre à ce qu'on aime.

ZERME'S.

Si je vous ai survêcu jusqu'à ce moment, c'est que d'abord on a retenu mon bras, & qu'ensuite pour venir ici, il m'a fallu tromper la vigilance de ceux qui m'observoient....

FLORISSE.

Que veux-tu dire ?

ZERME'S.

Je vis encore, il est vrai, mais ne m'en faites pas un crime, puisque je n'ai pas été le Maître de terminer plûtôt mon sort.

FLORISSE.

Tu vis encore ! quoi, ce n'est pas à l'ombre de mon Amant que je parle ! Pourquoi Mutalib est-il venu m'annoncer qu'il t'avoit trouvé baigné dans ton sang? Pourquoi m'a-t-il montré le poignard dont tu t'étois, disoit-il, donné la mort, & dont je me suis aussi-tôt frappée?...

ZERMÉS.

Mutalib vous a fait un récit aussi peu véritable! quel étoit son dessein? Il sembloit nous aimer, nous trahissoit-il? Estoit-il au nombre de nos Persécuteurs? Hélas, nous n'avons donc trouvé sur la terre que des Perfides & des Tirans! connois du moins, chere ombre, que l'Amour t'y avoit fait rencontrer le plus fidéle & le plus tendre des Amans....

Il veut se frapper.

FLORISSE.

Arrête, tout ceci me confond; si l'état où je me vois, si ce Tombeau semble me dire que j'ai perdu la vie, les mouvemens que je ressens, la joye qui s'est glissée dans mon ame en apprenant que tu n'étois point mort, la crainte que vient de m'inspirer le coup dont tu voulois te frapper, semblent m'assurer aussi que je vis encore; craindrois-je ce qui pourroit nous réunir!...

ZERMÉS.

O, ciel!... Vous vivriez!... Grands Dieux, chere Florisse je pourrois....

Le Théâtre change & représente des Jardins délicieux.

MUTALIB.

Oui, tu peux livrer ton ame aux plus heureux transports; il falloit que tant d'offenses, de trahisons & de perfidies que mon frere & ma sœur avoient faites au véritable amour, fussent reparées par la pure & sincere ardeur dont leurs enfans brûleroient l'un pour l'autre; tel étoit l'Arrêt du destin; vous y avez satisfait; vous avez voulu tous les deux vous donner la mort pour ne vous pas survivre; l'Oracle est accompli; rien ne troublera desormais votre bonheur; que tout ici l'annonce, & la joie que je ressens de pouvoir enfin unir de si parfaits Amans.

Des Silphes & des Génies forment le divertissement.

www.ingramcontent.com/pod-product-compliance
Ingram Content Group UK Ltd.
Pitfield, Milton Keynes, MK11 3LW, UK
UKHW021144220726
13924UKWH00003B/1007

9 782019 689841